COURTE NOTICE

SUR LA

BIRMANIE

ET LE

MODE D'ÉVANGÉLISATION

DES INDIGÈNES

par le

R. P. E. PELLETIER

des Missions Étrangères — Paris

Missionnaire Apostolique de la Birmanie Septentrionale

LE MANS

IMPRIMERIE A. BIENAIMÉ

—

1913

COURTE NOTICE

SUR LA

BIRMANIE

ET LE

MODE D'ÉVANGÉLISATION

DES INDIGÈNES

par le

R. P. E. PELLETIER

des Missions Étrangères — Paris

Missionnaire Apostolique de la Birmanie Septentrionale

LE MANS

IMPRIMERIE A. BIENAIMÉ

—

1913

Vue d'un Village Chrétien

LETTRE

DE SA GRANDEUR MONSEIGNEUR E. FOULQUIER

ÉVÊQUE DE CORRIDALLUS

Vicaire Apostolique de la Birmanie Septentrionale

Mandalay, 16 Février 1913.

BIEN CHER PÈRE PELLETIER,

C'est de tout cœur que j'approuve votre petite brochure sur notre chère Mission de Birmanie Septentrionale. Elle fera connaître le travail des Missionnaires au milieu des Birmans, les difficultés qu'ils rencontrent dans leur Apostolat, et aussi leurs consolations. Puisse la lecture de cette Notice vous attirer la sympathie de beaucoup d'âmes charitables, qui par leurs prières et leurs aumônes voudront bien vous aider dans votre apostolat.

Votre tout dévoué en N. S.

     † FOULQUIER,

      Ev., Vic. Ap.

Imprimatur :

† RAYMOND, *év. du Mans.*

Le Mans, 10 Mars 1913.

LA BIRMANIE

ET LE

Mode d'Evangélisation des Indigènes

***

Une expulsion *manu... episcopali*

— Mon pauvre ami, j'ai le regret, mais aussi le devoir de vous dire qu'il vous faut nous quitter.

— Mais, Monseigneur !...

— Non, mon cher ; il y a trop longtemps que cela dure : près de quatre ans que vous êtes presque continuellement sur le dos !... C'est que j'ai besoin des bras de tous mes missionnaires ; et puis... j'en ai conduit assez au cimetière ces derniers temps. — C'est donc une affaire réglée. Vous partez pour la France refaire votre santé qui ne pourrait jamais se rétablir ici.

— C'est que, Monseigneur, cela ne me sourie guère...

— Et si vous croyez que cela me sourie à moi !

— Eh bien ! alors, puisque c'est un ordre, afin d'éviter le chagrin des derniers jours à mes chers enfants, et — pourquoi ne pas l'avouer? — les larmes peut-être aussi à leur père... le premier bateau !

— Entendu. Soignez-vous; c'est votre premier devoir. Puis, pour occuper vos loisirs forcés, tâchez de faire connaître un peu aux saintes âmes de France notre chère Birmanie, si inconnue, et pourtant si attrayante, si pleine de promesses. Et faites l'impossible pour me ramener des aides; oui, je dis bien, deux aides très précieux, les deux grands leviers de la conversion de nos pauvres Païens : l'assurance de prières en grand nombre, et aussi hélas! quelques secours matériels si possible. Vous qui avez toujours travaillé directement à la conversion des Infidèles, mieux que tout autre vous en savez l'indispensable nécessité.

..... Et voilà comment, après vingt-deux ans, j'ai été expulsé de ma chère Mission par..... mon Évêque.

Maintenant pour obéir aux ordres formels de mon Supérieur, je travaille de toutes mes forces, en ne faisant plus rien du tout, à recouvrer ou à peu près ma santé d'il y a vingt-cinq ans.

Mais il y a la seconde partie de mon programme à exécuter, et c'est également bien difficile. Ce n'est pas la bonne volonté qui manque. Le cœur de l'exilé pense constamment aux moyens de sauver le plus grand nombre possible des chères âmes que le Bon Dieu lui a confiées; mais..... n'ayant aucunes relations, manquant du don de l'éloquence, comment réussir? Il faut pourtant obéir.

Alors, dans cette difficile entreprise, comme c'est mon habitude pour toutes celles que j'ai eues à prendre en main au cher pays là-bas, je confie en toute simplicité à ma Bonne Mère la réussite de la chose, et je demande à une petite notice de vouloir bien parler pour moi aux personnes assez charitables pour lui accorder un coup d'œil bienveillant.

Diseur de bonne aventure

PREMIÈRE PARTIE

UN MOT SUR LA BIRMANIE

I. — Coup d'œil général

Dans les atlas que l'on a ordinairement sous la main en France, la Birmanie apparaît comme un tout petit pays perdu là-bas à l'autre bout du monde, et qui disparaît presque sous la largeur du pouce.

C'est cependant une contrée immense, qui remplit tout l'espace séparant le Nord des Indes de la Chine. Ses limites, peut-être encore un peu vagues, ne sont autres que l'Inde d'un côté, le Thibet et le Yun-Nan d'un autre, le Laos siamois à l'Est, et enfin la presqu'île de Malacca et le golfe du Bengale au Sud.

Comme configuration générale, c'est une immense cuvette formée par l'énorme vallée de l'Irraouddy, et limitée à l'Est et à l'Ouest par de grandes chaînes de montagnes, rameaux des Himalaya, couvertes de forêts sans fin. Contrée très fertile là où il pleut, ou quand on a pu installer l'irrigation grâce aux torrents des montagnes; ce sont au contraire des immensités arides et brûlées de soleil sur d'énormes étendues.

LE CLIMAT

Nous sommes en effet aux tropiques, et la chaleur est intense la plus grande partie de l'année. Avec quelques journées où le thermomètre monte jusqu'à 42° et 45° à l'ombre, pendant plus de six mois la température ne descend guère au dessous de 30°; et c'est chose commune d'aller se coucher à dix heures du soir avec 35° de chaleur. — Dire que dans ces conditions l'accablement de la journée se trouve pleinement dissipé par le repos bienfaisant des nuits serait peut-être exagéré.

LES ANIMAUX

En dehors de la plaine, et encore ici seulement dans les parties irriguées où a lieu une intense culture de riz, ce sont à perte de vue de considérables terrains arides, en friche, couverts d'arbustes épineux et rabougris, ou bien l'immensité des forêts. Là vivent en abondance à peu près tous les animaux de la création, depuis l'éléphant jusqu'aux innombrables myriades de moustiques, en passant par le tigre, plusieurs espèces de panthères

et de léopards, l'ours, le loup, des singes sans
nombre, le chacal, etc. — A côté se trouvent
encore le buffle et diverses sortes de bœufs
sauvages, sans compter une grande variété
de cerfs et de chevreuils, des sangliers à
foison, et quantité d'autres animaux de moindre importance.

Dans un autre ordre d'idées on rencontre
encore des représentants d'à peu près toute
la famille des reptiles : le crocodile, ainsi
qu'une grande quantité d'énormes lézards, le
boa qui atteint quelquefois des dimensions
presque incroyables, plusieurs sortes de
cobras dont quelques-uns très venimeux, la
vipère, et toute une collection d'autres ser-
pents plus ou moins gros et plus ou moins
dangereux, jusqu'à ce joli petit serpent vert
tendre de un mètre à un mètre et demi de
longueur tout en restant de la grosseur du
doigt, qui vient souvent rendre visite aux
habitants en passant et repassant sur leurs
têtes en quête dans le toit de chaume des
maisons, de rats, de petits oiseaux ou autres
petits êtres pouvant lui servir de déjeuner.

Je ne dis rien des oiseaux qui forment une
assez belle variété, ni des poissons de toute
sorte qui pullulent dans les rivières et jusque
dans la moindre flaque d'eau.

Quant aux animaux domestiques, ce sont à
peu près les mêmes qu'en Europe, sauf l'éléphant privé et le buffalo ; mais en général ils
sont d'espèce bien plus petite. C'est même là

un point qui frappe de suite : l'air chétif du règne animal domestique à côté des proportions vraiment majestueuses que l'on trouve dans le règne végétal et dans le reste de la nature. — La plupart de nos fleuves de France feraient là-bas assez triste figure, et ne seraient guère que d'humbles ruisseaux. Et le reste est un peu à l'avenant.

LES HABITANTS

Mais ce qui est vraiment attachant dans notre chère Birmanie ce sont ses habitants. Nous trouvons d'abord naturellement et en majorité les Birmans. Toutefois une si vaste contrée renferme beaucoup d'autres races. Ce sont au premier rang et en quantités considérables, formant de véritables peuples, les Carians, les Shans, les Katchins, les Shans-Théroks, les Chins ; puis, non seulement de multiples subdivisions de ces différents peuples, mais encore de nombreuses tribus souvent très tranchées entre elles, comme les Danous, les Tauntous, les Tahlaings, les Panlangs, les Katès, etc...

En dehors de ces peuplades indigènes, si maintenant nous considérons un moment les fortes agglomérations, là, comme d'ailleurs dans la plupart des villes de l'Extrême-Orient, nous sommes en face d'une population vraiment cosmopolite. A côté de quelques rares

Européens (des Anglais surtout naturellement puisque la Birmanie est colonie anglaise), et d'un grand nombre d'*Eurasiens* ou métis, à de nombreux Chinois se coudoient des Indiens de toute taille, de toute langue, presque de toute couleur, et surtout de toute caste : Tamouls, Pendjabis, Hindous, Gourkas, etc... Ce sont encore des musulmans de toute espèce, des Parsis, des Poonas, des Chettis, etc., etc.

II. — Le Birman

AU PHYSIQUE

Parmi toutes ces races, celle qui nous intéresse surtout ici c'est le peuple birman proprement dit. — Le Birman en général est plutôt un peu petit, mais trapu, de teint bronzé, avec de longs cheveux noirs enroulés en chignon tant chez l'homme que chez la femme. Les hommes, en outre, sont entièrement tatoués en noir, des genoux à la ceinture, de dessins multiples représentant toute sorte d'animaux légendaires.

Tous sont toujours très légèrement vêtus, et d'une façon plutôt misérable dans les travaux de la campagne. Mais vous ne les reconnaîtriez plus dans leurs habits de fête : le *passot* ou sorte de jupe généralement en soie et de couleurs chatoyantes où domine le rouge tendre, le petit veston d'une blancheur

Danse Birmane

immaculée, puis le gracieux et léger turban de soie rose très coquettement enroulé sur la tête et un peu penché sur l'oreille. Ajoutez à cela pour les femmes, chez les personnes quelque peu coquettes, — et quelle femme ici-bas ne l'est un peu? — quelques bijoux, ou tout au moins une fleur très habilement plantée dans le jais brillant de leur longue chevelure ; et vous ne vous croiriez pas en pays moitié sauvage.

SON CARACTÈRE

Au point de vue moral le Birman est gai, insouciant, aimable, très hospitalier, et, il faut bien l'avouer, plutôt un peu paresseux, comme d'ailleurs bon nombre de peuples des pays chauds. Qu'il se trouve accroupi sur sa natte en compagnie de deux ou trois amis, avec la théière installée au milieu d'eux, la boîte à bétel à côté, et l'énorme cigare birman aux lèvres, voilà un homme heureux et... pas pressé.

Mais le comble du bonheur c'est l'assistance aux *pouès*. Ils nomment ainsi le théâtre ou la comédie qui a lieu en plein air, la nuit, au beau clair de la lune ou à la lumière indécise de quelques torches fumeuses. Les acteurs, quelquefois accompagnés (oh! alors c'est du délire !) d'affreuses marionnettes, se tiennent autant que possible sur quelques tréteaux, et débitent d'interminables histoires où rien ne

manque sauf la morale, le tout accompagné
d'une musique infernale aussi continue que
peu variée. Cependant, faisant cercle compact
tout autour, les spectateurs, souvent venus
de loin, jeunes gens, jeunes filles, enfants,
hommes mûrs, vieillards même, regardent et
écoutent un peu, mais surtout parlent, rient
et s'amusent, tout en fumant l'inséparable
cigare ou mâchant le bétel. Et en voilà pour
toute la nuit, ou mieux pour deux ou trois
nuits de suite. — Le païen n'a pas l'idée d'un
Éden supérieur !

DU TRAVAIL

Naturellement le lendemain l'ardeur au travail sera moins grande qu'était l'enthousiasme
des nuits précédentes. Néanmoins chacun se
dirigera vers sa tâche quotidienne, tout en
répétant les airs joyeux entendus la veille, ou
mieux déjà mille fois entendus, mais pourtant
toujours aussi pleins d'attraits pour ces natu-
res essentiellement gaies et frivoles.

Ce labeur ou gagne-pain quotidien consiste
pour les hommes surtout dans le travail de la
terre, tout particulièrement dans la culture
du riz et aussi de quelques autres rares céréa-
les. Quant aux femmes, outre les soins à donner aux enfants et aussi à leur petit ménage,
elles s'occupent surtout d'aller vendre ou
revendre de tous côtés maintes petites den-
rées, qui, toutes réunies sur leur tête dans de

grandes corbeilles, ne représentent certainement pas un capital s'élevant au-dessus de
quelques francs. — A ce métier on arrive à
gagner à peu près quelques sous pour la
nourriture quotidienne.

DE LA NOURRITURE

Celle-ci, il va sans dire, est toujours des
plus simples : une écuellée de riz cuit à l'eau
avec quelques feuilles de la forêt également
bouillies, mais assaisonnées avec un peu de
poisson pourri ou de piment, en font tous les
frais. Ajoutez à cela quelques gorgées d'une
eau plus ou moins fraîche puisée au ruisseau
voisin, et voilà un repas plantureux. Quelquefois cependant un heureux hasard permettra
un régal : quelques petits poissons se sont
laissé prendre dans le cours d'eau ou l'étang
d'à côté ; mais de viande, jamais ou presque
jamais.

A ce régime plutôt frugal, étant donné
surtout les chaleurs torrides du climat, la
vigueur physique ne peut être fort grande.
Néanmoins la bonne humeur ne saurait s'en
ressentir ; et j'ai vu bien des fois de pauvres
malheureux, n'ayant point ou peu mangé
depuis deux et trois jours, toujours prêts à
entamer une joyeuse conversation.

DU LANGAGE

Là se trouve pour tous les étrangers une réelle difficulté. La langue birmane, en effet, essentiellement monosyllabique, demande plus qu'une pénible étude, il faut nécessairement une très longue habitude ; et des oreilles européennes ont de la peine à bien saisir toutes ces nuances de tonalités variées, qui seules différencient mille sons à peu près identiques et rattachés entre eux par des particules souvent bien fantaisistes, et qu'aucun livre ne saurait apprendre. Ajoutez à cela une construction de phrase. absolument à rebours du parler européen ; et vous aurez une idée de quelques-unes des difficultés à surmonter pour tenir une conversation au beau pays de Birmanie.

Le langage écrit par contre, quoique au premier abord d'un aspect plutôt déconcertant. est néanmoins beaucoup plus simple. Toutes les lettres ont plus ou moins l'apparence uniforme de o ou de zéros juxtaposés ou superposés, sans aucune séparation entre les mots, non plus qu'aucun point ni virgule, ni même d'arrêt entre les différentes phrases. Néanmoins avec un peu d'habitude on arrive assez vite à se faire jour au milieu de ce labyrinthe d'apparence plutôt peu engageante.

DE LA RELIGION

Le peuple birman est en totalité bouddhiste. Cela n'empêche pas de retrouver cependant partout des restes de la religion primitive, quoique en théorie condamnée par Bouddha : la croyance aux esprits, ainsi que beaucoup de pratiques faites surtout en vue de se rendre propice les *Nats* ou esprits malfaisants.

C'est ainsi que, si aux abords de tout village païen on voit un et souvent plusieurs monastères de bonzes ou religieux bouddhistes à côté de pagodes quelquefois fort nombreuses, on est sûr de trouver également à la porte de chaque village un *Nat-Sin*, petite hutte isolée, généralement drapée de chiffons rouges, où se font les présents propitiatoires aux Nats. — De même dans chaque maison est suspendue une noix de coco consacrée aux mêmes mauvais esprits. Inutile d'ajouter qu'il y a en outre et à côté de très nombreuses et stupides superstitions.

Néanmoins la religion qu'on pourrait dire officielle des Birmans est le Bouddhisme. Ce n'est pas chez eux une croyance raisonnée ; mais bien plutôt, pour la grande majorité, simple affaire d'habitude et de tradition. On est bouddhiste parce que tout le monde l'est, parce que les ancêtres l'étaient ; et il ne viendra à la pensée de personne que parmi toutes les autres religions, dont ils ont cependant plus ou moins entendu parler, il puisse y en avoir quelqu'une qui peut-être saurait être également bonne pour eux.

Bien que ainsi fort attachés à leur religion, ils n'en sont pourtant pour la plupart pas fort instruits; souvent même ils ne sont pas très fervents. En général, toute leur ·dévotion consiste à réciter de temps à autre quelques formules en langue pali, qu'ils ne comprennent point, et à faire des offrandes aux Bonzes.

Puis tous les gens qui se respectent s'abstiendront soigneusement de détruire n'importe quel animal. La métempscycose en effet est la grande base du Bouddhisme; et, selon le degré de mérites ou de démérites acquis dans cette vie, chacun renaîtra lors de la vie future dans une condition plus ou moins parfaite : pur esprit, ou fantôme, ou bien homme, mais surtout animal, chien, chat, pourceau, etc. C'est ce qui explique ce cri du cœur d'une pauvre vieille, voyant un Anglais prendre beaucoup de soins de son chien : « Puissé-je dans ma vie future devenir le chien d'un *Kala* (étranger) ! »

Au dessus des simples fidèles se trouvent les Bonzes ou *Pongys*.

Ce ne sont pas à proprement parler des prêtres, mais plutôt des religieux devant s'occuper surtout de leur sanctification personnelle. Cela d'ailleurs n'implique pas nécessairement de très grands efforts. Si quelques-uns, très rares exceptions. sont sérieux à leur affaire, les autres, en majeure partie, ne restent au monastère que pour vivre tranquilles, nourris et à ne rien faire.

Tous les matins néanmoins tous, drapés dans leurs longs habits jaunes, la tête entièrement rasée et les yeux modestement baissés, ils font de porte en porte le tour du village en quête de leur nourriture ; car ils sont un ordre essentiellement mendiant. Mais, rentrés au monastère et le déjeuner fini, ils n'ont plus qu à digérer ou sommeiller pour aider la digestion.

Un certain nombre cependant font l'école aux enfants, enseignant un peu à lire et à écrire, et surtout à apprendre par cœur des formules sacrées pour les jours de dévotion. — Mais le principal office des Pongys consiste à recevoir les offrandes des fidèles afin de procurer à ceux-ci l'occasion d'acquérir des mérites.

Groupe de Catholiques

DEUXIÈME PARTIE

DE LA RELIGION CATHOLIQUE
EN BIRMANIE

Avec ce peuple birman, fort attrayant sans doute, foncièrement religieux même, mais si frivole et si changeant, quelles peuvent bien être les conquêtes de l'apostolat catholique, ou tout au moins les espérances pour l'avenir ? C'est là en réalité le point qui nous importe et sur lequel je désirerais un peu insister.

I. — Œuvres diverses du travail apostolique

TROIS VICARIATS APOSTOLIQUES

Les premières traces certaines de l'évangélisation de la Birmanie remontent à environ deux siècles. Mais sans aller si loin, voyons les choses telles qu'elles sont actuellement.

Au point de vue religieux la Birmanie est aujourd'hui divisée en trois vicariats apostoliques : les parties méridionale et septentrio-

nale confiées à la Société des Missions
Étrangères de Paris, et la Birmanie Orien-
tale où travaillent avec zèles les missionnaires
italiens de Milan.

MINISTÈRES DIVERS

Le plus grand nombre de conversions
obtenues jusqu'à présent ont eu lieu parmi
les Carians, populations du Sud et de l'Est,
chez lesquelles nos confrères de Rangoon
(Birmanie méridionale) ont de très florissantes
chrétientés. Dans la partie du Nord, dépendant
de Mandalay, ma chère patrie adoptive, nous
n'avons malheureusement pas de Carians. A
leur défaut les Chins, les Katchins et les
Shans ont été attaqués avec des succès variés.
— Nous avons en ce moment plusieurs
missionnaires exclusivement adonnés à
l'évangélisation des Shans et des Katchins,
parmi lesquels un certain nombre de chrétiens
forment surtout noyau pour l'avenir.

D'autre part quelques Confrères ont dû
être détachés pour s'occuper spécialement
des nombreux Indiens ainsi que des Chinois
établis dans le pays, et dont un assez grand
nombre sont catholiques. En outre nécessairement il fallait bien donner, et tout d'abord,
des soins aux anciens chrétiens tant Anglais
et Eurasiens que Birmans.

Puis beaucoup d'œuvres, en marge peut-être
un peu de l'évangélisation proprement dite

mais absolument nécessaires, comme les écoles, les orphelinats, les hôpitaux, léproserie etc, retiennent dans les centres et à poste fixe un certain nombre de prêtres. De sorte qu'en fin de compte sur 24 ou 25 missionnaires en tout dans la Birmanie du Nord, nous ne sommes qu'un nombre très restreint exclusivement adonnés à l'évangélisation des païens.

Le Bon Dieu m'a fait la grâce d'être toujours depuis mon arrivée en mission du nombre de ces heureux élus. Aussi est-ce surtout du travail direct pour la conversation des Infidèles que je désire parler.

EVANGÉLISATION DES PAÏENS

Régime Birman. —Tout d'abord un point à bien noter c'est que, jusqu'à l'époque de la conquête du pays par l'Angleterre, en 1886, tous les efforts de nos anciens Confrères étaient nécessairement voués à l'insuccès par suite du mauvais vouloir du gouvernement de Sa Majesté Très Païenne. Défense absolue était faite à tout étranger de s'établir même pour une seule nuit près d'un village païen, et de s'aboucher en matière religieuse avec l'élément birman de la population. Aussi nos pauvres devanciers en étaient-ils réduits à s'occuper exclusivement des quelques rares vieux chrétiens, anciens descendants des colonies portugaises de l'Inde, et amenés de

*

force en exil par les armées victorieuses des
rois birmans.

Ère nouvelle. — Mais au départ Sa Très
Tyrannique Majesté sonna enfin l'heure de
pleine liberté religieuse. Nos missionnaires,
si longtemps réduits à l'inaction, se mirent
immédiatement à l'œuvre. Toutefois en com-
mençant il y eut, c'était nécessaire, beaucoup
de tâtonnements.

Néanmoins, des différentes méthodes d'é-
vangélisation entreprises, deux points se dé-
gageaient bientôt en certitude absolue :
l'heure des conversions en blocs plus ou moins
compacts n'était point encore sonnée pour
ces pauvres païens ; puis c'était absolument
une utopie que d'espérer des conversions sta-
bles tant que les rares catéchumènes de bonne
volonté, rencontrés çà et là, resteraient noyés
au milieu de l'élément corrompu et corrup-
teur de la foule païenne. C'eût été demander
du premier coup de l'héroïsme pur à de pauvres gens qui étaient encore bien loin de là.

C'est alors qu'on imagina de réunir toutes
les bonnes volontés, et, comme l'union fait
la force, avec des unités recueillies de droite
et de gauche, de former des petits centres
nouveaux et exclusivement chrétiens ou en
voie de le devenir — L'œuvre de la création
des villages chrétiens était fondée.

II. — Fondation d'un poste chrétien

PRÉPARATION

Aujourd'hui lorsqu'un missionnaire veut entreprendre la fondation d'un nouveau poste, la première chose à faire est naturellement de mettre le Bon Dieu de la partie en priant et faisant prier beaucoup. *Nisi Dominus ædificaverit domum in vanum laboraverunt qui ædificant eam.*

Puis il lui faut chercher, perle bien précieuse et partant fort rare, un bon chrétien, intelligent, zélé et tout dévoué, comme catéchiste.

Maintenant à l'œuvre.

Grâce aux Chrétiens déjà formés dans les environs, ou encore en ayant recours aux services d'amis qu'il aura su se faire parmi les païens, il prendra directement, ou mieux par l'intermédiaire de son catéchiste, (car pour longtemps c'est celui-ci qui doit toujours marcher en avant), tous les renseignements désirables concernant tant la contrée où il espère fixer sa tente que les habitants des environs. Alors le catéchiste, aidé au besoin de quelques amis, parcourra tous les villages et hameaux païens des alentours pour y faire des connaissances et peu à peu des amis.

Naturellement petit à petit, l'idée de la fondation d'un nouveau village pour utiliser de bons terrains fertiles mais incultes viendra souvent dans la conversation. Après plusieurs semaines, peut-être même des mois, quand on se connaîtra mieux de part et d'autre, la voie des confidences s'entr'ouvrira réciproquement. C'est alors qu'habilement le catéchiste aura à parler du projet du missionnaire, à expliquer sommairement la religion, surtout à répondre à de multiples objections pour faire évanouir toute sorte de préventions plus absurdes les unes que les autres.

Il y aura, c'est inévitable, bien des tiraillements ; et quand on traitera la question religieuse d'une manière insinuante mais très nette, il y aura certainement parmi les auditeurs un grand refroidissement d'enthousiasme, comme aussi un certain nombre de désertions. Le Bon Dieu ne permettra pas cependant que quelques auditeurs ne restent fidèles.

Alors de concert avec ces futurs disciples, dûment et maintes fois avertis que notre œuvre est avant tout et essentiellement religieuse, on fera le choix d'une place saine, pas trop à proximité de centres païens, et où l'on puisse sûrement, avec du travail, avoir des terrains fertiles et en quantité suffisante pour la future colonie.

C'est à ce moment que le Père, qui n'a pour ainsi dire point encore vu ses nouveaux

disciples, mais les connaît pourtant déjà
assez bien, entre en scène.

DÉBUTS

Il s'abouche avec les dix, quinze ou vingt
braves gens qui ont plus ou moins donné
leur parole ; et il s'agira désormais pour lui
d'arriver à gagner leur cœur en passant, hélas !
d'abord et trop souvent par le ventre, comme
nous aurons maintes fois l'occasion de le
voir. — Toutes questions réglées et l'entente
survenue, on se quitte bons amis, se donnant
rendez-vous pour un jour prochain au lieu
choisi pour la fondation nouvelle.

Cependant le missionnaire a fait auprès du
Gouvernement les démarches nécessaires
pour cette installation nouvelle. Et au jour
dit, un peu inquiets de part et d'autre par
rapport au résultat de l'entreprise, tous se
rendent au lieu qui a été choisi dans la
forêt. — On installe à la hâte quelques huttes
en branchages pour la nuit, et bientôt commence le défrichement de la place du nouveau village.

Rien de pittoresque et même d'intéressant
comme ce campement au milieu des bois
avec la visite inopinée, la nuit plus encore
que le jour, de mille hôtes de la forêt.
Cependant, si dormir sous la feuillée est chose
poétique, après un certain temps le charme
diminue malgré ou peut-être à cause de la

société : scorpions, cancrelats, fourmis de toute sorte et autres insectes tant petits que gros. A la fin, une des plus grandes jouissances de cette vie bohémienne, je puis l'affirmer, consiste dans le bain matinal pris au torrent voisin en vue de chasser mille petites démangeaisons imaginaires ou trop réelles.

Au bout de quelques jours la place se trouve à peu près nettoyée, et chacun se bâtit, le Père comme les autres, une petite maison plus ou moins temporaire en attendant de pouvoir faire mieux. — Suit alors, sous la surveillance surtout du catéchiste, le défrichage des parties les plus faciles de la forêt pour préparer une première et précoce moisson.

Car on n'est pas riche ; et le peu de riz apporté en venant est fini depuis longtemps. Chacun, il est vrai, s'est bien ingénié selon ses talents à tirer de la forêt, — cette forêt qui fournit tout, — les objets les plus variés auxquels on fait les honneurs de la marmite. Cependant bien souvent déjà le Père a dû y aller de sa poignée de riz à droite ou à gauche. Que voulez-vous ? Ce sont ses enfants, n'est-ce pas ? Trop heureux encore s'il pouvait espérer en être quitte à si bon compte.

Mais pour cultiver il faut des instruments, des bœufs, de la semence, et aussi un peu de quoi se mettre sous la dent en attendant la récolte. Pour les instruments, c'est facile ; la forêt les fournit. Mais le reste ?... Eh bien !

oui, c'est là la grosse difficulté. Il faut que le missionnaire s'ingénie à le procurer en tout ou en partie, tout en devant patienter pour la restitution jusqu'à une, deux, voire même plusieurs récoltes. Car aujourd'hui, comme déjà du temps de Notre Seigneur lui-même, ce sont les pauvres qui viennent à nous, *pauperes evangelizantur*; et ces pauvres gens, transplantés loin de leurs amis et connaissances, n'apportent trop souvent pour toute fortune que leur bonne volonté.

!DÉVELOPPEMENT

Cependant si tout marche à peu près, les premiers venus se sont apprivoisés et maintenant se sentent heureux. Encouragés par l'exemple, de nouvelles recrues s'amènent peu à peu. C'est alors que, sentant sous ses pieds une base plus stable, on peut et même on doit en connaissance de cause séparer l'ivraie du bon grain.

Pendant ce temps on a continué à marcher de l'avant : tout le monde s'est mis à étudier les prières, puis le catéchisme. Peu à peu, grâce aux prières en commun, matin et soir à la chapelle, la vie chrétienne commence à poindre.

Courage, patience surtout, comme aussi beaucoup d'affection ; et après deux, trois, voire même quatre années d'efforts, vous arriverez à mener au baptême votre petite congrégation bien instruite, mise à l'épreuve et dans les meilleures dispositions.

Ce n'est point à dire que pendant tout ce temps le missionnaire n'aura pu s'absenter, s'éloigner un peu, même recommencer un nouvel essai dans les environs ; mais qu'il n'oublie jamais que les jeunes enfants ont longtemps besoin de leur mère. Aussi que ses absences ne soient pas trop prolongées, ou mieux que ses temps de présence soient multipliés le plus possible. Après le premier âge, il y a la croissance ; et, tant au point de vue matériel que sous le rapport religieux, son influence est nécessaire. De néophytes en effet il s'agit maintenant de faire de bons chrétiens vivant vraiment de la vie chrétienne, surnaturelle et eucharistique. Et cette œuvre, le prêtre seul peut la mener à bien. Et c'est très long.

Il y a d'ailleurs mille petits détails qui l'occuperont. Car pour ces convertis, entièrement séparés du paganisme, le missionnaire est tout : père, juge, médecin, maître d'école, administrateur de toutes choses au village, planteur même d'un genre très spécial, comme aussi d'un autre côté bien souvent il lui faut être architecte, entrepreneur, maçon même, etc. C'est lui qu'on vient chercher à la naissance, et qui plus tard devra ensevelir les morts. Entre temps, il doit être vraiment tout à tous et en tout. Pendant que l'enfant lui demande une caresse, le jeune homme déversera dans son cœur ses secrets, ses espérances et ses peines. l'homme mûr lui demandera des conseils, et jusqu'au vieillard qui ne manquera pas de venir lui raconter ses chagrins.

COURONNEMENT

Cependant au bout de plusieurs années, si le Bon Dieu a daigné bénir ses efforts, le mis-sionnaire en vieillissant a la consolation de voir un poste chrétien de plus, désormais stable, et où règne vraiment une vie chré-tienne, éclairée et intense.

Pourtant une chose manque encore. La paillotte, qui jusqu'ici a servi de chapelle, est vraiment trop misérable; d'ailleurs elle tombe en ruine. Sa grande ambition serait mainte-nant d'élever, au milieu de ces enfants du Bon Dieu, une maison pour leur Père un peu moins indigne de sa divine Majesté. Heureux si quelques âmes généreuses lui fournissent les moyens d'édifier une petite chapelle, qui fera bonne figure à côté des nombreuses pagodes païennes, et dont la croix rayonnant au sommet de son humble clocher criera à tous les passants : *Venite ad me omnes.*

....L'œuvre est achevée. — Le missionnaire, avec quelques cheveux de moins sur la tête ou quelques poils blancs de plus, n'a plus

Projets d'avenir

qu'à laisser la place à un autre chargé de
surveiller à la ronde un assez grand nombre
de postes déjà formés. Pour lui..., égrenant
un peu de son cœur de ci de là, il ne lui reste
qu'à aller recommencer ailleurs.

III. — Réponse à quelques objections

Voilà ce que j'ai appelé l'œuvre de la fondation de nouveaux villages chrétiens. Je ne
l'ignore pas, il y a à cela de nombreuses difficultés, et les objections ne manquent pas.

1° Trop de lenteur. — On a dit : « C'est
trop lent ; de ce train vous n'en finirez pas. »
Eh ! certes, je ne demanderais pas mieux
non plus moi aussi que de voir des villages
entiers venir à nous demandant l'instruction
et le baptême. Heureuses les Missions ainsi
favorisées ! Mais quand au moment de la
moisson on ne peut manier ni faux ni fau-
cille, vaut-il donc mieux se croiser les bras
que de se mettre courageusement à glaner ?
— Qui pourrait d'ailleurs percer les desseins
adorables du Bon Dieu ? Quand il lui plaira
ne saura-t-il pas, comme Booz, ajouter des
gerbes entières à nos maigres épis et susciter
des conversions en masse ? — En attendant
que chacun fasse son devoir et sans défaillance.
Notre Seigneur lui-même ne nous a-t-il pas

averti que dans le champ du Père de famille il y a des travaux de diverses sortes : *Alius est qui seminat et alius est qui metit.*

2° *Trop de dépenses*. — On a dit encore : « Votre méthode entraîne trop de dépenses ; qui pourrait y tenir ! »

Hélas ! à qui le dites-vous ? Mieux que tout autre je sais ce qu'il en coûte. — Pourtant raisonnons un peu.

De tous côtés vous aidez de tout votre pouvoir, et je vous en félicite, des œuvres de tout genre : écoles, orphelinats, refuges, ouvroirs, patronages, hôpitaux, hospices, etc. Loin de moi bien sûr la pensée de dénigrer tant soit peu des œuvres si utiles. Néanmoins permettez-moi de dire que, dans le travail de l'Apostolat catholique, plusieurs de ces œuvres ne sont plutôt que secondaires. Grâce à elles on peut assurément soulager bien des misères parfois certes fort dignes d'intérêt. Pourtant ces secours s'adressent assez souvent surtout à des souffrances physiques et temporelles, ou, s'ils atteignent l'âme plus ou moins directement, ce n'est en général que d'une façon isolée qui ne s'étend pas au-delà du malheureux ou des malheureux actuellement soulagés.

Notre œuvre au contraire tend directement à la conversion des pauvres Païens. De plus elle s'adresse non seulement aux quelques membres de la famille aujourd'hui en question, mais nous prétendons du même coup préparer sûrement l'avenir. Car peu à peu les enfants feront souche, et naturellement le petit cercle de nos humbles commencements ira s'élargissant sans cesse, sans qu'il y ait à faire de nouveaux sacrifices du moins appréciables.

Je persiste donc à dire que notre œuvre est vraiment des plus dignes d'intérêt, et que faire pour elle quelques sacrifices est une charité des mieux entendues. Car n'est-ce point un crève-cœur de penser que, manque de quelques ressources, bon nombre d'âmes ne seront pas sauvées qui auraient pu l'être ? Et quand on en dépenserait encore beaucoup plus de ces malheureuses pièces d'or ou d'argent, si grâce à elles on peut, non seulement soulager bien des misères, mais encore procurer ici-bas des enfants au Bon Dieu et préparer des élus pour le Ciel, croyez-m'en, on gagne beaucoup au change.

3° *Motifs trop humains.* — Mais voici qui semble plus grave. « Ce mode d'évangélisation ne peut être le bon, il n'est pas assez surnaturel ; vous attirez les gens par des motifs trop intéressés. »

Pardon ; ainsi formulée cette assertion est absolument fausse. Les pauvres gens qui viennent à nous demandant à se convertir, une fois qu'ils sont établis dans nos villages, qu'ils étudient sérieusement la religion, et souvent après une assez longue épreuve, dans la plupart des cas nous sommes obligés de les aider ; mais allécher des païens par des promesses temporelles, cela n'est pas.

Qu'il faille secourir des malheureux pour leur donner les moyens de gagner honnêtement leur vie, tout le monde le comprendra.

Pour venir à nous, ils ont dû quitter leur lieu de résidence, abandonner leurs anciennes relations qui ne pouvaient guère les aider matiérellement peut-être, mais néanmoins étaient toujours prêtes à leur fournir quelques petits secours en cas de besoins plus pressants. Les voilà transplantés dans un milieu entièrement inconnu, où ils ne peuvent donc pendant longtemps attendre aucun soulagement de personne. Or ils sont aujourd'hui d'autant plus dénués de tout moyen d'existence qu'au moment de leur départ beaucoup de païens de leurs connaissances, souvent après avoir vainement tenté de les retenir même par d'alléchantes promesses, voyant qu'ils ne pouvaient les détourner de leur projet, se sont fait un malin plaisir de les opprimer autant qu'il dépendait d'eux. Non seulement désormais ces transfuges seront pour tous des parias ; mais déjà, avant leur départ même, si malheureusement comme il arrive trop souvent ils avaient quelques dettes, il leur a fallu, et de suite, rendre gorge jusqu'à la dernière obole. Le peu qu'ils pouvaient avoir se trouve ainsi inévitablement englouti ; d'autant plus que s'il leur a fallu vendre leur ancienne maison, ou une petite parcelle de terre, ou bien quelques animaux, ils en ont à grande peine trouvé la moitié de la valeur. Et ainsi ces pauvres gens nous arrivent pour la plupart ne possédant plus que quelques poignées de riz. Car, il ne faut pas se le dissimuler, pour un païen le changement de religion n'a jamais lieu qu'après un dur combat entre les suppôts du démon et la grâce du Bon Dieu.

Maintenant devant ces infortunés qui montrent une si réelle bonne volonté, que leurs anciens amis ont complètement rejetés, et qui par suite ne trouveront pas de longtemps le moindre travail dans les villages d'alentour, qui pourrait bien encore avoir le cœur de faire au au missionnaire, leur père désormais, un grief de leur fournir dans la mesure du possible les moyens de gagner un peu leur vie?

Si cependant on insiste et qu'on dise que malgré tout l'espoir d'être aidé dans un village chrétien peut nuire à la sincérité d'une conversion, et être aux yeux de certains en quelque sorte un appât ; eh bien ! même en admettant, sous toutes réserves toutefois, la possibilité de la chose dans certains cas, qu'il me soit au moins permis d'indiquer ici des circonstances très atténuantes.

Et d'abord, mais mon Dieu, ce n'est pas ma

faute si ici-bas nous sommes composés d'une âme... et d'un corps, et s'il faut nécessairement en toutes choses passer par celui-ci pour atteindre celle-là.

D'ailleurs la chose est-elle donc, même pour le cas qui nous occupe, réellement si mauvaise ? Elle est pourtant bien vieille. Sans chercher plus loin, la conversion de notre chère France elle-même, cependant la Fille ainée de l'Eglise, ne semble guère avoir eu lieu pour des motifs si exclusivement surnaturels N'y avait-il donc rien d'humain ni d'intéressé dans ce cri de Clovis à Tolbiac : « Dieu de Clotilde, si tu me donnes la victoire, je me fais chrétien ? »

J'ajouterai encore ceci à ma décharge. Notre Seigneur lui-même a élevé ses Apôtres à la dignité de pêcheurs d'hommes. Assurément les Apôtres ont fait de magnifiques coups de filet ; et après eux quelques François-Xavier ont aussi été des maîtres. Mais nous autres, pauvres petits missionnaires, nous ne pouvons avoir de telles ambitions, *parvis parva decent.* Néanmoins, de par notre vocation, nous sommes nous aussi, des pêcheurs d'âmes ; et, si je suis inhabile à manier le filet comme les grands, de grâce ne m'empêchez pas de pêcher à la ligne, ni par suite, s'il le faut, d'amorcer un peu mon hameçon.

Enfin, qu'on veuille bien ne pas l'oublier,

la conversion d'une âme est toujours et exclusivement l'œuvre de la grâce. Combien j'en ai vu de ces braves païens, naturellement bons et honnêtes, semblant animés des meilleures dispositions, très amis même du prêtre et prêts à lui rendre mille services, et qui cependant, malgré toute sorte de tentatives et de démarches de notre part, n'ont jamais consenti à faire le pas décisif. *Sine me nihil potestis facere.*

D'autre part au contraire, souvent viennent à nous des personnes sur lesquelles il semblait qu'on pouvait le moins compter, ou bien encore des gens tout à fait inconnus, alors que pourtant rien n'a été fait pour les attirer. *Spiritus ubi vult spirat.* Ainsi, parmi plusieurs autres cas, je pourrais citer celui d'un individu que nous avons refusé maintes fois et pendant plus d'une année, et qui maintenant, s'il n'est point encore un modèle de douceur, forme cependant avec sa femme et ses enfants une des familles les plus édifiantes que nous ayons.

En résumé, oui, souvent il nous faut aider nos chrétiens ; mais ce n'est pas par des bienfaits ni des promesses que nous tâchons de convertir les païens. D'ailleurs, encore une fois avec des moyens matériels on n'obtiendra jamais une vraie conversion. Or, comme on va le voir de suite, nos chrétiens sont des convertis sincères.

IV. — Résultats obtenus

Il est temps en effet d'en venir aux faits accomplis, aux résultats déjà obtenus. Ce sera encore, s'il en était besoin, une réponse et la meilleure à toutes les objections.

A mon arrivée en Birmanie, il y a quelque vingt ans, le premier nouveau village chrétien était à peine ébauché. Aujourd'hui dans le même district nous avons jusqu'à sept centres catholiques définitivement établis. C'est peu, je l'avoue ; cependant pour un début c'est déjà fort appréciable

Puis.faut-il encore considérer la qualité des résultats, *non numerandi sed ponderandi.* Or, c'est surtout à ce point de vue que nous avons à rendre à Notre Seigneur de très grandes actions de grâces. Dans chacun de nos villages règne une vie vraiment chrétienne, je dirai même intense et fort édifiante.

D'abord, tous nos gens, baptisés aussi bien que catéchumènes, grands et petits, les hommes à un moment, les femmes à un autre, doivent venir chaque jour au catéchisme, et cela pendant de longues années. — Un chrétien a pour premier devoir d'être instruit de sa religion ; je puis l'assurer, les nôtres le sont.

Puis, chaque jour, tous, sauf ceux retenus

par les travaux des champs. assistent à l'église aux prières matin et soir. De plus, nous sommes arrivés à ce résultat très consolant que dans chaque maison, le matin au lever comme le soir avant de s'endormir, on récite une courte prière en famille. Et comme les Birmans ne savent pas plus prier que lire ou parler bas, rien de plus édifiant que d'entendre, dès l'aube ou le soir souvent tard dans la nuit, des voix s'élevant successivement de ci de là de tous les coins du village pour adresser au Bon Dieu une première offrande ou un dernier adieu.

Ceci donné, il va sans dire que l'assistance aux offices du dimanche et des fêtes est régulièrement observée ; et que l'infraction du devoir pascal est fait inouï chez nous.

Bien plus, non seulement tous nos chrétiens s'approchent des Sacrements à chaque grande fête, mais le plus grande nombre, membres d'ailleurs de la Ligue du Sacré-Cœur. communient chaque mois. Ces dernières années même, depuis les décrets du Souverain Pontife sur la communion fréquente et sur celle des enfants, il y a tous les dimanches un assez bon nombre de communions dans le poste où ce jour-là se trouve le missionnaire. La communion même assez fréquente est donc, autant que faire se peut, en honneur parmi ces pauvres convertis d'hier. — Un simple fait le montrera encore mieux. Ce n'est pas ailleurs que dans l'une de nos plus récentes fondations. Avec trente-cinq personnes seulement, en âge de faire leurs Pâques, et quoique, comme dans tous les autres postes, le prêtre ait dû être assez souvent absent, il y a eu cette année près de mille communions de dévotion.

Il va sans dire que l'amour pour la sainte Vierge marche de pair avec celui envers Notre Seigneur. Et même, une personne généreuse ayant fait en mourant don d'une somme destinée à construire dans l'un de nos villages une reproduction de la Grotte de Lourdes, on y vient maintenant souvent en pèlerinage ; et la sainte Vierge, pour bien témoigner à ces âmes simples et neuves qu'Elle agrée pleinement leurs naïves prières, a daigné déjà manifester sa bonté maternelle, je ne dirai pas par des miracles peut-être, du moins par des grâces bien extraordinaires. Aussi, et c'est sur quoi je désire attirer l'attention, nos braves gens ne voudraient pas manquer de venir chaque jour au moins une fois, à un moment ou à l'autre, adresser un petit salut à leur Bonne Mère. La dévotion à Marie est donc elle aussi, on le voit, très en honneur parmi nous.

J'avais donc raison de dire, il me semble, que nos convertis le sont véritablement ; bien plus, qu'ils mènent une vie chrétienne et surnaturelle, même à un degré assez élevé.

Ce simple résumé des résultats obtenus

jusqu'à ce jour parlera assez de lui-même, je l'espère, pour montrer que notre œuvre est des plus attachantes et des plus dignes en même temps de retenir un peu la bienveillante attention de tout cœur vraiment français, je dis bien, de toute âme noble et élevée qui ne sait jamais passer à côté d'une généreuse entreprise sans se laisser émouvoir.

Groupe de Femmes chrétiennes

ÉPILOGUE

___

Une Œuvre de grande charité

C'est ce qui m'encourage à oser aujourd'hui très-humblement tendre la main pour mes chers enfants présents et futurs.

A tous je me permets de demander d'abord et très instamment l'aumône de fréquentes et ferventes prières.

J'oserai même aller plus loin. On l'a vu, dans notre œuvre, nécessairement les dépenses sont considérables, et plus qu'ailleurs les ressources nulles. Hélas ! ce n'est pas avec les 400 Roupies de son pauvre viatique, (équivalant à peu près à 400 francs en France), que le missionnaire peut faire beaucoup. Ah ! s'il ne s'agissait que de son entretien personnel, partageant comme il fait le genre de vie de ses Chrétiens, il aurait encore du superflu. Mais vraiment cette maigre allocation ne suffit pas à le nourrir lui et toute sa famille qui va augmentant chaque jour, pendant que ce malheureux viatique ne revient qu'au bout de l'année et n'augmente jamais.

Si, comme beaucoup d'autres, notre œuvre

avait quelques ressources ! Alors nous pourrions développer les postes déjà établis, puis faire encore de nouvelles fondations, enfin assurer définitivement l'avenir. Ce dernier point même est un de ceux qui me tiennent le plus à cœur. Je voudrais avant de mourir voir chacun de nos postes doté d'un certain fonds, (administré naturellement par le Supérieur de la Mission,) dont les revenus assureraient pour l'avenir le développement progressif de chaque village en permettant tous les ans l'admission de quelques nouvelles recrues.

Plaise à Dieu de m'aider dans la tâche à laquelle j'ai consacré ma vie, en inspirant à quelques nobles cœurs le généreux dessein de nous seconder dans cette œuvre si attrayante, si vitale et si pleine de promesses pour l'avenir ! Et qu'ainsi, lors d'un nouveau bail au service de mes chers Birmans, lequel, j'espère, me sera bientôt octroyé de la miséricorde du Seigneur, il me soit possible de décupler encore dans notre district le nombre des centres chrétiens.

Là, alors un bon nombre de ces belles et chères âmes aimeront et serviront le Bon Dieu, et prieront pour ceux qui, par des sacrifices, leur auront ouvert le chemin du bonheur ici-bas et surtout celui de l'éternelle félicité.

Pour moi, pauvre banquier insolvable du Bon Dieu, je me permets d'offrir à ces généreux Bienfaiteurs, avec ma très profonde

gratitude, des chèques inappréciables sur le
Paradis (1).

(1) Quelques personnes pouvant désirer des renseignements plus précis sur les dépenses nécessitées, soit
par l'admission d'une famille nouvelle dans un poste déjà
fondé, soit pour la fondation même d'un nouveau village,
nous avons cru devoir donner ici les quelques détails
suivants, qui montrent approximativement les charges
qui nous écrasent.

I. — UNE FAMILLE NOUVELLE
1° *Famille de Cultivateurs*

Une paire de bœufs, environ	125 f.
Semences et frais de culture indispensables, environ..	75
Aide en attendant la première moisson, et autres secours, environ........................	50
TOTAL, ENVIRON...	250 f.

2° *Famille de non-cultivateurs (Métiers divers)*

Avance différente selon les divers métiers et les
instruments requis, ou premier petit capital à
faire fructifier par le Commerce.
Achat d'animaux à élever (porcs, volailles, etc).

TOTAL, ENVIRON...	150 f.

II. — PREMIERS FRAIS POUR L'INSTALLATION D'UN NOUVEAU VILLAGE DE 20 FAMILLES

(*Le Gouvernement ne permet l'établissement d'un nouveau village qu'avec un minimum de 20 maisons*)

15 familles de cultivateurs (envi- ron 15/20)........	15 × 250 =	3.750 f.
5 familles de non-culti- vateurs (envir. 5/20)..	5 × 150 =	750
Chapelle provisoire, salle de caté- chisme, maison pour le prêtre.....		1.000
TOTAL de la première année, environ...		5.500 f. à 6 000 f.

Post-scriptum. — Un dernier mot encore. — Si parmi les lecteurs, si bienveillants qu'ils ont bien voulu me suivre jusqu'ici, se trouvait par hasard quelque jeune homme au cœur noble et fier, en quête d'un idéal auquel il put consacrer sa vie, je lui dirais volontiers sans crainte de l'induire en erreur : Mon cher ami, regardez de notre côté. Et de grâce ne vous laissez pas effrayer par une crainte exagérée de sacrifices plus imaginaires que réels.

Des sacrifices ! Assurément, comme partout ailleurs, dans la vie apostolique il y en a. Mais d'abord, n'est-ce pas cette soif de se

En outre, arrivent inévitablement de temps à autre des accidents imprévus occasionnant de nouvelles dépenses : maladies prolongées, mauvaises récoltes, épidémies sur les animaux, etc.

Enfin sont laissés ici entièrement de côté les frais considérables qu'entraîne, un jour ou l'autre, la construction d'une façon stable de chapelles et écoles, ou encore l'achat de terrains, la paye des catéchistes, maîtres d'école, etc.

Quoi qu'il en soit, tout secours, si minime soit-il et de quelque nature qu'il puisse être (*surtout ornements d'église et objets de piété*), serait reçu avec la plus grande gratitude.

Il va sans dire également que l'auteur de cette *Notice* se tient entièrement à la disposition des personnes pieuses qui désireraient quelque supplément d'explications et de détails, et qu'il serait trop honoré d'entrer en relation avec elles soit verbalement, soit par écrit.

sacrifier à un idéal qui fait l'un des plus grands attraits de la vocation apostolique ? Le sacrifice ! eh ! n'est-ce donc plus là le lot quotidien de la vie du missionnaire ? Mais croyez-en mon expérience, en échange d'un peu de don de soi-même, de quel bonheur sans mélange notre grand Dieu dans sa miséricorde se plaît à combler sans cesse son petit apôtre.

Encore une fois à certains moments, — voyez comme le Bon Dieu est bon, — par des ennuis, des difficultés, des déboires même parfois, surtout au moyen de la maladie, Il nous permet de faire dès ici-bas, une bonne partie de notre purgatoire ; mais à côté de cela, je vous l'affirme, c'est dès maintenant un Paradis anticipé. Si vous ne pouvez me croire sur parole, de nouveau je vous dirai hardiment : « Venez et voyez. » — Ah ! oui, cher et généreux ami, si vous entendiez quelque jour la voix du Bon Dieu parlant à votre cœur, de grâce, pour vous et pour les âmes, ne faites pas la sourde-oreille : *si vocem Ejus audieritis, nolite obdurare corda vestra.*

Sceaux-sur-Huisne (Sarthe).

11 février 1913, en la fête de Notre-Dame de Lourdes.

Le Mans, imprimerie A. Bienaimé. — 146-5-13.